Karsten Eils

Konzept zur Anwendung von Web Intelligence Methoden

GRIN - Verlag für akademische Texte

Der GRIN Verlag mit Sitz in München hat sich seit der Gründung im Jahr 1998 auf die Veröffentlichung akademischer Texte spezialisiert.

Die Verlagswebseite www.grin.com ist für Studenten, Hochschullehrer und andere Akademiker die ideale Plattform, ihre Fachtexte, Studienarbeiten, Abschlussarbeiten oder Dissertationen einem breiten Publikum zu präsentieren.

Dokument Nr. V169367 aus dem GRIN Verlagsprogramm

Karsten Eils

Konzept zur Anwendung von Web Intelligence Methoden im Search Engine Marketing

GRIN Verlag

Bibliografische Information der Deutschen Nationalbibliothek: Die Deutsche Bibliothek verzeichnet diese Publikation in der Deutschen Nationalbibliografie; detaillierte bibliografische Daten sind im Internet über http://dnb.d-nb.de/ abrufbar.

1. Auflage 2010
Copyright © 2010 GRIN Verlag
http://www.grin.com/
Druck und Bindung: Books on Demand GmbH, Norderstedt Germany
ISBN 978-3-640-87700-3

KONZEPT ZUR ANWENDUNG VON WEB INTELLIGENCE METHODEN IM SEARCH ENGINE MARKETING

LEHRSTUHL FÜR WIRTSCHAFTSINFORMATIK,
INSBES. INFORMATIONSMANAGEMENT
FAKULTÄT WIRTSCHAFTSWISSENSCHAFTEN
TECHNISCHE UNIVERSITÄT DRESDEN

EINGEREICHT AM: 21.01.2010

EINGEREICHT VON: **KARSTEN EILS**

KONZEPT ZUR ANWENDUNG VON WEB INTELLIGENCE METHODEN IM SEARCH ENGINE MARKETING

1. Schlüsselworte

Search Engine Marketing, SEM, Search Engine Optimization, SEO, Web Intelligence, Suchmaschinen, Google, Web Mining, Google AdWords

2. Kontext der Arbeit

Ziel dieser Arbeit ist die Untersuchung von Suchmaschineneingaben auf ihre gewerbliche Nutzbarkeit. Dabei wird sich auf die Möglichkeit des Schlüsselwortmietverfahrens beschränkt und dieses einer näheren Betrachtung unterzogen. Weiterhin wird versucht, neue Konzepte zur Suchwortfindung zu beleuchten und diese im Kontext des Web Intelligence anzuwenden.

3. Motivation zu diesem Thema

Mit der stetigen Ausbreitung des Internets entwickeln sich auch immer mehr Möglichkeiten des direkten Marketings. Durch die Vielfalt von Millionen Websites wird es auch stetig notwendiger an den Stellen zu werben, an denen der Kunde auch danach sucht. Diesen Ansatz verfolgt das Search Engine Advertising. Allerdings stehen die Unternehmen bei ihren Marketingkampagnen häufig vor dem Problem, wie sie Kunden ansprechen und in welchen Segmenten sie werben sollen. Die Masse an unstrukturierten Informationen macht die Entwicklung neuer Selektions- und Analysemechanismen notwendig die unter dem Namen Web Intelligence zusammengefasst werden. Eine Verknüpfung der Marketingmaßnahmen mit informationsverarbeitenden Systemen ist unvermeidlich und daher Motivation dieser Arbeit.

INHALT

ABKÜRZUNGEN

SEO	Search Engine Optimization
SEM	Search Engine Marketing
SEA	Search Engine Advertising
QF	Qualitätsfaktor
CPC	Cost per Click
WI	Web Intelligence
ROI	Return on Investment

ABBILDUNGEN

1 WEB INTELLIGENCE ALS ANSATZ ZUR UNTERSTÜTZUNG DES SEARCH ENGINE MARKETING

Das Marketing (englisch = to market; to buy or sell on market) beschäftigt sich mit der Vermarktung von Produkten. Es als reines Absatzwesen zu betrachten trifft den Kern nicht ganz, viel eher wird darunter die marktorientierte Unternehmensführung verstanden. Anwendung finden die Konzepte des Marketings in der horizontalen und in der vertikalen Ebene eines Unternehmens. Dabei umfasst es die gesamte Wertschöpfungskette von Lieferant bis Abnehmer und ist sowohl operativer als auch strategischer Natur. Dies vereint Konkurrenten, sowie Anbieter von Substituten gleichermaßen (Schneider, 2007, S. 1ff). Somit werden nicht nur Kunden und Lieferanten beworben, sondern der Markt beobachtet, analysiert und bewertet.

Dem Marketing kommt hierbei hauptsächlich die Aufgabe der Verkaufsförderung zu. Das heißt, es wird versucht durch den richtigen Marketingmix den Absatz von Produkten zu steigern. Unter Marketingmix wird die Verbindung strategieadäquater Kombinationen von Marketingmaßnahmen verstanden (Fuchs & Unger, 2003, S. 12). Eine dieser Maßnahmen ist das Online Marketing.

Auch das Online Marketing umfasst wiederum verschiedene Ansätze und Handlungsmöglichkeiten, z.B. das Suchmaschinen Marketing, welches unter dem englischem Begriff „Search Engine Marketing" oder kurz „SEM" bekannt ist. SEM setzt sich aus zwei Kernbereichen zusammen dem Search Engine Optimization (SEO) und dem Search Engine Advertising (SEA). Während sich SEO mit der besseren Platzierung der Website unter den generischen Ergebnissen einer Suchmaschine beschäftigt, werden beim SEA direkt bestimmte Suchbegriffe (*englisch = Keywords*) für den Werbeauftritt gemietet (Seda, 2004, S. 6). Diese Arbeit wird sich hauptsächlich mit SEA beschäftigen. Hierbei sei angemerkt, dass noch weitere Begrifflichkeiten für SEA existieren, z.B. verwendet Google häufig den Begriff „sponsored links" (Google Ireland Ltd., 2009).

Ein Vorteil des Online Marketings ist es, den Kunden eine nahezu unbegrenzte Anzahl an Informationen zur Verfügung zu stellen. Ein Vorgehen, welches in vielen Unternehmen

Anwendung findet. Dadurch ergibt sich ein relativ transparenter, aber auch stark informationsüberfluteter Markt. 2008 existierten nach Aussagen von NetCraft über 180 Millionen Websites weltweit. 31,5 Millionen kamen im selben Jahr dazu und die Tendenz ist steigend (Netcraft Ltd, 2008). Während diese Informationsflut Internetnutzer immer wieder vor neue Herausforderungen stellt, bietet sie gleichzeitig die Chance sich diese Informationen z.b. für das Marketing nutzbar zu machen.

Zur Auswertung großer Datenmengen wurden schon vor Jahren Strukturen zur Aufbereitung von Informationen geschaffen. Ziel dabei war es einen Gesamtansatz der betrieblichen Entscheidungsunterstützung zu bewirken, der heute unter den Namen Business Intelligence (BI) bekannt ist (Kemper, 2004, S. 8). Grundlage für BI-Lösungen sind in der Regel strukturierte Datenbanken in denen die Unternehmensinformationen abgelegt werden. Allerdings sind die Daten im Internet weniger strukturiert und sehr stark verrauscht. Daher wurde es nötig neue Ansätze in die Computergestützte Datenanalyse mit einzubeziehen. Dies bildet die Grundlage für den Forschungsbereich der Web Intelligence (WI).

Mithilfe der Methoden des WI wird versucht, die sich dynamisch entwickelnden, massenhaft und unstrukturiert vorliegenden Informationen zu analysieren und für verschiedene Einsatzfelder nutzbar zu machen.

Als eines dieser Einsatzfelder wurde das Suchmaschinenmarketing und im speziellen die Suchmaschinenwerbung identifiziert. Die vorliegenden Informationen umfassen sowohl die Suchergebnisse der Suchmaschinen, als auch das Keyword als Wirtschaftsgut und Informationsträger. Dabei ist zu klären, in wie weit die Daten, welche von den Suchmaschinenbetreibern zur Verfügung gestellt werden, mithilfe von WI-Methoden nutzbar zu machen sind und im betrieblichem Umfeld ihre Anwendung finden können.

Eines dieser Anwendungsfelder ist die Konkurrenzanalyse auf dem Keyword-Markt. Eine Methode, welche den Kern dieser Arbeit darstellt. Dabei ist das Ziel das Zusammenwirken der einzelnen Akteure auf dem Suchwort-Markt aufzuzeigen und mögliche Ansätze zur Verbesserung der Performance aus Sicht eines werbetreibenden Unternehmens auf diesem Markt mithilfe von Web Intelligence Methoden zur Konkurrenzanalyse zu betrachten.

2 ENTWICKLUNG, AUFBAU UND FUNKTIONSWEISE VON SUCHMASCHINEN

Um Informationen von Suchmaschinen für das Web Intelligence nutzen zu können, ist es notwendig zu verstehen welche Arten von Suchmaschinen es gibt und welche Algorithmen am Ende das Suchergebnis liefern.

2.1 ENTSTEHUNG UND ARTEN VON ORIENTIERUNGSHILFEN IM WORLD WIDE WEB

Wie schon in der Einleitung erwähnt, ist das Internet zu einer gewaltigen Wissensbasis angewachsen. Zusätzlich zum Internet werden auch offline stetig weitere Daten produziert. Derzeitig wird davon ausgegangen, dass die digitalen Informationen bis 2010 988 Exabyte (988 Billionen Gigabyte) umfassen werden. Dies entspricht ausgedruckt einem Papierstapel von der Erde bis zum Pluto (IDC, 2007). Die Notwendigkeit des Information-Retrieval in Form von Suchmaschinen wird dadurch unumgänglich.

Eines der ersten Suchsysteme im Internet war Archie. Daraufhin entwickelten sich Mitte der 90er Jahre weitere Suchdienste wie Excite, Lycos, AltaVista oder HotBot, sowie sogenannte Metasuchmaschinen, welche keinen eigenen Datenbestand haben, sondern die Suchergebnisse verschiedener Suchmaschinen repräsentieren (Mattern, 2008, S. 11) (Erlhofer, 2007, S. 18). Zusätzlich zu diesen Systemen existieren noch Webkataloge. Der Unterschied zu reinen Suchmaschinen besteht darin, dass deren Ergebnisse ausschließlich auf automatisch generierten Indexen basieren, während Webkataloge durch menschliche Redakteure manuell gepflegt und verwaltet werden (Erlhofer, 2007, S. 19).

Mit der steilen Entwicklung von Google seit dem Jahr 1998 schwand die Vielfalt der genutzten Suchdienste in Deutschland zusammen auf einen Nenner. Google wurde zur Suchmaschine Nummer 1 in der Welt. Heute besitzt Google eine Marktanteil von 89,1% in Deutschland (WebHits, 2009) und 65,4% in den USA (ComScore, 2009). Das geschätzte Marktkapital lag am 27.12.09 bei rund 196 Milliarden Euro, womit Google zu den größten Unternehmen weltweit zählt (Google Inc., 2009). Durch diese starke Marktposition, welche die Google Inc. vor allem in Deutschland innehat, bezieht sich die weitere Arbeit hauptsächlich auf dieses Unternehmen, bzw. auf indexbasierte Suchmaschinen.

2.2 DER AUFBAU EINER SUCHMASCHINE

Die heutigen Suchmaschinen sind ein komplexes System: Von der Eingabe im Suchfenster bis zum endgültigen Ergebnis ist es ein weiter Weg. Dennoch ist es wichtig zu erfahren wie Suchmaschinen zu ihren Antworten kommen, damit die Resultate auch später mithilfe von Web Intelligence Methoden sinnvoll ausgewertet werden können.

Dabei werden die Aufgaben der Suchdienste in zwei Kategorien unterteilt. Einerseits müssen die Daten gesammelt, analysiert und in menschenverständlicher Form wiedergeben werden, andererseits muss sie die Eingaben des Nutzers der Suchmaschine (später User genannt) interpretieren und ihm passende Ergebnisse ausgeben.

2.2.1 IDENTIFIKATION, AUFBEREITUNG UND ANALYSE DER DATEN

Die Datenakquise für indexbasierte Suchmaschinen übernehmen Webcrawler. Diese Algorithmen generieren die eigentliche Abfrage der Websites und laden die Daten inklusive Headerinformationen herunter. Danach speichert die Suchmaschine die komplette Ressource zur Weiterverarbeitung im Repository. Im Parser, oder auch Indexer läuft dann der eigentliche Prozess des Information-Retrieval ab (Erlhofer, 2007, S. 81 ff).

Als erstes wird versucht, die Ressourcen in eine einheitliche Form zu bringen. Dieser Prozess der *Datennormalisierung* umfasst die Reduktion des heruntergeladen Programmcodes von überflüssigen HTML oder JavaScript Content. Zusätzlich erfolgt eine Strukturierung der Codes nach Richtlinien des HTML. Hier werden z.B. Überschriften in „H1-H6"-Tags einer anderen Gewichtung zugeordnet als einfachen Fließtext.

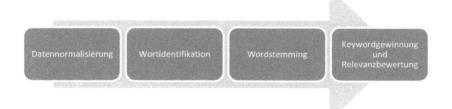

ABBILDUNG 1: Mehrstufiger Prozess innerhalb eines Parsers, *stark vereinfacht.*

(Erlhofer, 2007, S. 86)

Sind die Daten strukturiert, beginnt der Parser mit der *Wortidentifikation*. Suchmaschinen bedienen sich dazu dem Vorgang des Tokenisierens. Der Tokenizer wandelt hierzu den Zeichenstrom in Wortströme um. An dieser Stelle sei gesagt, dass es häufig möglich ist, sich an Satzzeichen wie z.B. Leerzeichen zu orientieren. Suchmaschinen benutzen noch weit komplexer Erfassungen, die aber an dieser Stelle nicht weiter von Interesse sind.

Nachdem die Wörter identifiziert und einer natürlichen Sprache zugeordnet wurden, wird nun versucht, diese zu vereinheitlichen, um sie zu indexieren. Dazu bedient sich die Suchmaschine in der Regel dem *Word Stemming* (Liu, 2007, S. 200). Dies ist eine Grundformreduzierung, welche Wörter auf einen gemeinsamen lexikalischen Stamm dezimiert. So wird aus „Autos" die Grundform „Auto". Damit verkleinern sich die benötigten Kapazitäten und der Anteil an Dokumenten, die mit einer Suchanfrage gefunden werden, erhöht sich. Diese Masse an Suchtreffern wird allgemeinen als „Recall" bezeichnet. Allerdings gehen mit dem Stemming auch Informationen wieder verloren, z.B. wenn explizit nach der Mehrzahl „Autos" gesucht wird. Die Precision, das heißt die Masse der tatsächlich relevanten Ergebnissen geht zurück. Daher müssen Suchmaschinen versuchen einen Weg zwischen der Quantität des Recalls und der Qualität des Precisions finden.

Sind die Wörter identifiziert gilt es diese nun zu gewichten. Dies ist deswegen notwendig, da nicht jeder Ausdruck auch beschreibend für den Text ist. Anhand vorliegender Daten, wie z.B. der Häufigkeit oder der Position der Stichwörter, können selbige in eine Relation gesetzt werden, welche später beschreibend für den Text ist und so für den Index genutzt wird (Erlhofer, 2007, S. 85 ff).

2.2.2   INFORMATION RETRIEVAL NACH EINGABE DES USERS

Während Kapitel 2.2.1 die Auswertung der Daten auf den Websites behandelte, umfasst dieser Abschnitt die Eingaben des Users in die Suchmaske der Suchmaschinen. Die Herausforderung besteht dabei nicht darin, eine perfekte Übereinstimmung zwischen Eingabe und Ergebnis zu liefern, sondern neben den passenden Treffern auch Ressourcen mit 90 oder gar nur 75 Prozent Relevanz zu liefern (Erlhofer, 2007, S. 115).

Um die Ergebnisse mit der Suchanfrage zu vergleichen, werden zuerst die unterschiedlichen Websites gegeneinander gewichtet. Anzahl und Position der Keywords im Dokument spielen dabei eine entscheidende Rolle. Zusätzlich werden der Aufbau und die Struktur der Website zu Relevanzbewertung herangezogen. Maßgeblich dafür ist unter anderem auch der von

Google entwickelte Page Rank, welcher sich mit der Link-Popularity beschäftigt. Allerdings ist er nur einer von vielen Kriterien, welche an dieser Stelle keine weitere Betrachtung erfahren.

Viel wichtiger ist es zu erfahren, wie der User eigentlich sucht. Denn stehen bei einer Website noch sehr viele Informationen zur Verfügung, beschränkt sich die eigentliche Suche nur noch auf wenige Begriffe aus denen die Suchmaschine dann passende Treffer ableiten muss. Der Webanalysedienst OneStat führte dazu im Jahre 2006 eine weltweite Studie durch, welche ergab, dass mit 28,91% am häufigsten nach zwei Begriffen gesucht wurde (OneStat, 2006).

Weiterhin gab Udi Manber, der Vice President of Engineering von Google 2007 bekannt, dass 20-25% aller derzeitig getätigten Suchanfragen bisher noch nie gesucht wurden (Ammirati, 2007). Daraus lässt sich die Konsequenz ableiten, dass es schwer möglich ist Vorhersagen über die eigentliche Suche zu machen. Somit begann man weniger darüber nachzudenken, „was" der User suchen könnte, sondern „wie" er es suchen wird.

Wei Choo, Detlor und Turnbull haben dazu im Jahr 2000 verschiedene Suchmodi identifiziert. Ziel dieser Einteilung war es, die unterschiedlichen Verhaltensweisen des Users bei der Suche zu erklären. Anzumerken sei, dass User während der Webnutzung zwischen den einzelnen Modi hin- und herspringen.

Beim *Undirectet Viewing* hält der User nach nichts bestimmtem Ausschau. Es ist weniger mit dem Suchen, als mehr mit dem umgangssprachlichem „Surfen" zu vergleichen. Ähnlich verhält es sich im *Conditioned Viewing*. Hier besucht der Webnutzer immer wieder bestimmte Websites um sich nach neuen Informationen umzusehen. Die richtige Suche beginnt mit dem *Informal Search*. An dieser Stelle ist dem Suchenden zwar bewusst, zu welchem Thema er etwas finden möchte, allerdings ist das Ziel und somit die Art der Information noch sehr offen. Zum Beispiel benötigt eine Person Informationen zum Umweltschutz und wird bei Google allgemein nach Umweltschutz suchen. Im *Formal Search* ist dem Benutzer bewusst wo und was er suchen muss. Um das Beispiel des Informal Search aufzugreifen, wird nun speziell nach Zeitungsartikel der FAZ oder nach Büchern bei Amazon zum Thema Umweltschutz gesucht (Wei Choo, Detlor, & Turnbull, 2000, S. 151). Diese Unterscheidung ist sehr wichtig für das Suchmaschinenmarketing. So umfassen informelle Suchen mehr generische Begrifflichkeiten, während bei der formellen Suche der User die Anfrage viel stärker spezifiziert (Beck, 2008, S. 146).

3 ONLINE MARKETING MITHILFE VON SEARCH ENGINE ADVERTISING

In Kapitel 2 wurden die grundlegenden Funktionsweisen einer Suchmaschine beschrieben, sowie auf wichtige Eigenschaften des Suchenden eingegangen. Nun gilt es zu klären, in wie weit die Eigenschaften der Suchmaschinen für eine gewerbliche Anwendung im Bereich Marketing nutzbar sind.

Einer der wichtigsten Vertreter im SEA ist das Google Adwords Programm, welches im Jahr 2008 97% des 21,8Mrd Umsatzes von Google ausmachte (Google Inc., 2008). Nach Angaben des Internetkonzerns mieten dort derzeit rund 100.000 Unternehmen weltweit Keywords. Zurückzuführen ist die erfolgreiche Vermarktung von Suchwörtern auf verschiedene Eigenheiten, welche nun eine genauere Betrachtung erfahren.

3.1 KEYWORDS ALS MARKETINGINSTRUMENT

Wie in Kapitel 1 erwähnt, ist die Anzahl der Webseiten auf ein Maß gestiegen, das es immer mehr erschwert, gut bei Google gefunden zu werden. Selbst unter der Beachtung von SEO-Richtlinien ist es für unbekanntere Websites nahezu unmöglich an die oberen Plätzen der Suche zu gelangen. Dabei geht die Aufmerksamkeit des Users meist nicht über die vordersten Positionen hinaus und die Wahrnehmung erlischt ab Listenplatz 21 nahezu völlig (enquiro research, 2006) (Hübener, 2009, S. 41).

Um dies zu ändern bietet Google seit Oktober 2000 die Möglichkeit Suchwörter zu mieten. Bezeichnet wird dieses Projekt mit dem Namen Google AdWords, eine Wortkombination aus dem englischen „Adverts" und „Words".

AdWords basiert dabei auf einem einfachen Prinzip. Google stellt den Unternehmen ein Backend zur Verfügung, an dem sie sich anmelden können und ihre Keywords mit Geboten, Werbeanzeige und Verlinkungsziel (Ziel-URL) mieten. Dabei wird ihnen möglichst viel Spielraum gelassen. Jedes Unternehmen kann, solange es den redaktionellen Richtlinien und Copyright Bestimmungen entspricht, jedes Keyword mieten und eigene Werbetexte verfassen. Die Werbung wird dann bei Google, wie in Abbildung 2 angezeigt. Es werden

noch weitere Werbeformen angeboten. Da sie aber auch hauptsächlich auf dem Keyword-Miet-Prinzip basieren, werden diese übrigen Arten in dieser Arbeit nicht weiter betrachtet.

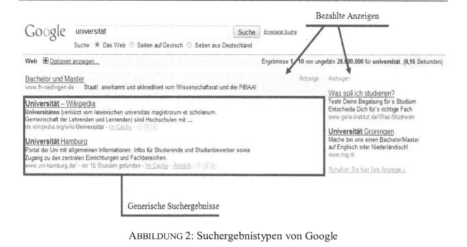

ABBILDUNG 2: Suchergebnistypen von Google

3.1.1 DIE VORTEILE DES KEYWORDMARKETING

Im Gegensatz zu klassischen Marketingformen, wie z.B. Print-, Fernseh- oder Außenwerbung, bietet das Onlinemarketing viele Möglichkeiten direkter und nachvollziehbarer zu werben. Anders als im Offlinebereich können die Bewegungen des Users auf einer Webpräsenz gut nachvollzogen werden. Während z.B. bei Außenwerbung der eigentliche Kauf des Produktes nur indirekt auf die Werbewirkung des Plakats schließen lässt, geschieht dies im Onlinebereich weitaus genauer. So können hier eindeutige Ziele für die Website festgelegt werden, die in der Conversionsrate, das heißt im Zielerreichungsgrad, berechenbar sind (Aden, 2009, S. 269). Der Return on Investment (ROI) gibt dann an, in wie weit sich die Investition in die Werbung gelohnt hat. Beispielsweise werden bei jedem Klick auf eine gemietete Anzeige ein Verweis auf diese Anzeige als Referrer (engl. to refer „verweisen") an die Website mitgeliefert. Mithilfe dieser Mitteilung kann ein Web Analytics Tool genau nachvollziehen, ob der Kunde der über diese Anzeige gekommen ist, am Ende das beworbene Produkt gekauft hat. Allerdings stößt die Messbarkeit auch an ihre Grenzen. So werden Klicks auf Onlinewerbungen meist in der Phase des Informal Search (Kapitel 2.2.2) getätigt, während der Kauf zu einem späteren Zeitpunkt erfolgt und daher die Wirkung der

Maßnahme nicht direkt auf die Anzeige schließen lässt. Nur mit High-End Web Analytics Lösungen, wie dem SiteCatalyst von Adobe, besteht die Möglichkeit den Kauf auch noch auf Tage zurückliegende Klicks schließen zu lassen. Dies aber auch nur dann, wenn der Kunde Cookies, das heißt kleine Dateien, welche die Informationen des Klicks auf dem Client-Rechner speichern, zulässt.

Gegenüber verschiedener Onlinemarketingformen, bietet das Mieten von speziellen Keywords einen weiteren Vorteil: die Werbung wird nur angezeigt, wenn auch tatsächlich danach gesucht wurde. Dadurch lässt sich das Marketingbudget viel gezielter einsetzten, da nur Keywords beworben werden, die auch dem Geschäftszweck entsprechen (Beck, 2008, S. 33). Zusätzlich bieten SEA eine hohe Flexibilität in der Auswahl des Budgets und dem Einsatzort, sowie der fehlende Medienbruch z.B. bei Onlineshops.

3.1.2 DER MARKT DER KEYWORDS

Ähnlich wie bei anderen Gütern gibt es auch bei Suchwörtern Angebot, Nachfrage und eine Preisbildung. Doch anders als bei materiellen Gütern kommen Keywords nicht in der Natur vor. Sie sind zu den immateriellen Gütern zu zählen. Noch genauer definiert, gehören sie zu den digitalen Gütern, da sie über elektronische Netze ausgeliefert werden (Wirtz, 2001, S. 166). Anbieter auf dem Marktplatz von Adwords ist Google als Monopolist für Anzeigen auf der „Google Suche". Nachfrager sind tausende von Unternehmen, die nicht genau wissen, wer auf welches Keyword bietet. Vergeben werden die Keywords und die Position, auf der die Anzeigen gelistet werden. Zusätzlich hat Google einen Qualitätsfaktor (QF) eingeführt, welcher die Relevanz der Anzeigen, sowie die verlinkten URL in Beziehung mit dem Keyword setzt. Umso besser die gemieteten Suchwörter zum Unternehmen passen, umso höher ist auch der QF. Bezahlt wird nach dem „Cost per Click" (CPC) Verfahren. Das heißt, das Mieten des Keywords, sowie die Impression der Anzeige ist kostenlos, bezahlt wird erst beim Klick auf den Link.

Die Position beruht auf dem Anzeigenrang, der nach folgender Formel berechnet wird:

$$max.\,CPC \times Qualit\ddot{a}tsfaktor = Anzeigenrang \text{ (Beck, 2008, S. 103)}$$

Die Unternehmen geben einen maximal zu bezahlenden Betrag (max. CPC) an und Google errechnet den QF. Dadurch kann der Anzeigenrang bestimmt werden. Der mit dem höchsten Rang bekommt die beste Position. Danach bedient sich Google des „Smart Pricings". Das

heißt, anstatt die max. CPC zu bezahlen, wird der Betrag bezahlt, der minimal notwendig ist um die Position zu halten (Beck, 2008, S. 105). Wie genau dies funktioniert, soll aber nicht Teil der Arbeit sein.

Festzuhalten bleibt, dass Google ein System geschaffen hat, dass es ermöglicht effektiv SEA durchzuführen und somit auch unbekannten Websites die Möglichkeit gibt, durch monetäre Leistungen auf den vorderen Plätzen gelistet zu werden. Allerdings ist dieses Instrument nicht neu und es gibt sehr viele Mitbewerber auf diesem Gebiet, weshalb es immer wichtiger wird, die „richtigen" Keywords zu mieten. Schon allein, weil jeder Klick Geld kostet.

3.2 DERZEITIG EXISTIERENDE METHODEN DER IDENTIFIKATION VON „RICHTIGEN" KEYWORDS.

Um SEA sinnvoll durchführen zu können, benötigt man eine Strategie welche Suchwörter bei Google gemietet werden sollen. In der Regel beginnen die Unternehmen damit, Geschäftsbereiche und Produkte zu identifizieren, um diese in Adwords Kampagnen zu bewerben (Beck, 2008, S. 111 ff). Da Google den Qualitätsfaktor nur anhand von Webcontent bestimmt, ist es daher aber genauso wichtig, die Website zu untersuchen und diese ggf. für die darauf verlinkten Kampagnen zu optimieren. Es existieren also zwei maßgebliche Faktoren für den Erfolg einer Werbeaktion.

Es gilt Keywords zu mieten, die

1. …qualitativ am besten zum Webauftritt passen und
2. …die Sprache des Kunden sprechen.

Beides sollte durchaus vereinbar sein, was allerdings nicht immer durchführbar ist. Der Grund ist, dass Unternehme in der Regel genau die Schlüsselwörter mieten, mit denen sie noch nicht oder nur schlecht bei Google gefunden werden. Das heißt die Suchmaschine empfindet ihre Website weniger relevant als andere Seiten. Dies kann zwei Ursachen haben. Zum einem ist die Seite für dieses Keyword nicht optimiert, zum anderen bieten Wettbewerber besseren Content. Beides führt nicht nur zu Abwertung in den generischen Ergebnissen, sondern auch zur Abwertung des QF. Um nicht die ganze Seite umstellen zu müssen, bietet Google ein Keywordtool an, welche die Internetauftritte durch die Eingabe der URL auf mögliche Keywords untersucht. Mit einer Software wie Rankchecker kann dann überprüft werden, bei welchem Suchwort die Website schon gefunden wird und welche sich zur Miete eignen

würde (SEOTools, 2008). Leider liefert diese Art der Keywordsuche nur mäßige Ergebnisse. Weiterhin erfüllen die so identifizierten Suchwörter häufig nicht den zweiten Punkt „Die Sprache der Kunden sprechen". So nutzen Unternehmen z.B. den Fachbegriff „Leuchtmittel", während Kunden eher nach „Glühbirnen" oder „Lampen" suchen würden. Im Gegensatz zum Google Tool, bietet SEOmoz einen durchaus ausgereifteren „Term Extractor" an, dem allerdings Statistiken über Volumen und Kosten fehlen (SEOmoz, 2009).

Konnten Suchwörter identifiziert werden, die den Anforderungen der Kunden entsprechen und auf das Geschäftsmodell des Unternehmens passen, müssen diese auf ihre Markttauglichkeit überprüft werden. Die Kosten und die Position des Keywords in der Anzeigenliste von Google spielen dabei eine entscheidende Rolle. Wie in Abschnitt 3.1.2 erwähnt, errechnet sich die Position anhand des Gebots und des Qualitätsfaktors. Entscheidend kommt hinzu, dass ein geringerer QF, als der von der Konkurrenz, höhere Klick-Preise bei gleicher Position bedeutet. Wie bei einer richtigen Auktion ist es daher notwendig, die Mitbewerber und deren Verhalten zu kennen um selbst erfolgreich auf dem Markt zu bestehen.

Zur Durchführung einer Konkurrenzanalyse, das heißt einer „systematischen, professionellen und entscheidungsorientieren Recherche und Analyse der Wettbewerber, des Marktes und seiner Rahmenbedingungen" (Romppel, 2006, S. 10), müssen Informationsquellen identifiziert und nach ihrem Informationsgehalt bewertet werden.

3.2.1 QUELLEN ZUR ANALYSE DES MARKTES UND DER MITBEWERBER

Die wohl einfachste Möglichkeit, um einen Überblick über den Market zu bekommen, wird von Google direkt im Keywordtool angeboten. Wie Abbildung 3 zeigt, werden neben dem durchschnittlichen Suchvolumen und Suchtrends, auch der Wettbewerb und Schätzungen zur durchschnittlichen CPC, sowie Position und CTR angegeben. Allerdings hat sich Google darauf beschränkt, die Mitbewerberdichte nur in ungenauen Prozentzahlen anzugeben. Zusätzlich ist nicht eindeutig auf was die Datenbasis dieser Verhältniswerte beruht. Die erwarteten Kosten bieten zwar einen ungefähren Einblick auf das Kapitalvolumen, welches die Mitbewerber für das Suchwort aufbringen, allerdings ist nicht bekannt welcher QF für diesen Erwartungswert notwendig ist. Das heißt, die allgemein zugänglichen Informationen sind eine Grundlage, aber mehr als unzureichend (Hübener, 2009, S. 39).

Im Bereich der Web Analytics wird von verschiedenen Tools die Funktion des Branchenbenchmarking zur Verfügung gestellt. Dies bezieht sich allerdings nicht auf die AdWords Daten, sondern auf den Website-Traffic. Am interessantesten ist hier wohl der Benchmark des Web Analytics Tool „Google Analytics", welches mit mehr als 21.900 gelisteten Unternehmen mit Abstand die meisten Nutzer auf sich vereint (Ideal Observer, 2010). Da aber der Bezug zu AdWords fehlt, kann damit nur allgemein eine Aussage über die Performance der Branche im Vergleich zur eigenen Website getroffen werden.

ABBILDUNG 3: Google Keywordtool

Die wohl derzeitig aufwendigste Methode ist der Abgleich der potenziellen Keywords mit den Ergebnissen der Google Suche. Da Google sich selbst in diesem Bereich, vermutlich aufgrund von Kapazitätsmangel und Datenschutzrichtlinien, sehr bedeckt hält, wäre es trotzdem möglich Schlüsselwörter durch Google-Abfragen auf ihre Mitbewerber zu untersuchen. Weiterhin ist es denkbar, zusätzlich die Ergebnisse der generischen Suche mit in die Analyse einzubeziehen. Die Ziel dieser Untersuchung können in verschiedene Richtungen gehen. Zum einem bekommt man einen Überblick über den Markt, zum anderen werden Informationen über die Vorgehensweise der anderen Marktteilnehmer gewonnen. Das Problem bei dieser Methode liegt sowohl in der Abhängigkeit an den Google Bewertungsalgorithmus, als auch in der Schwierigkeit unstrukturierte und verrauschte Datenmengen auszuwerten.

4 WEB INTELLIGENCE ALS ANSATZ ZUR MARKTANALYSE

Da die Methoden des Web Intelligence und des Web Data Mining sehr vielfältig sind, können an dieser Stelle nur einige vorgestellt und betrachtet werden. Vielmehr liegt das Augenmerk auf dem Vorgehen bei einer Webdaten Analyse in Verbindung mit den Verfahren der Konkurrenzanalyse.

4.1 WEB MINING PROZESS ZUR KONKURRENZANALYSE AUF DEM KEYWORDMARKT

Zu Beginn dieser Methode wird eine Grundmenge an Suchwörtern bestimmt. Mögliche Ansätze dazu können aus dem Abschnitt 3.2 entnommen werden. Diese erste Auswahl bildet die Basis für die weiteren Analysen. Dabei ist es wichtig zu beachten, dass diese Keywords auch den Kern der Unternehmung widerspiegeln und häufig gesucht werden. Nur für Keywords mit großem Suchvolumen lohnt sich eine detaillierte Auswertung. Mithilfe des Keyword Tools von Google können nun die möglichen Kosten und die Mitbewerberdichte geschätzt werden. Teure Wörter, bzw. Begriffe mit vielen Bietern besitzen ein hohes Potenzial für das weitere Vorgehen.

Diese Grundlage bildet die Wurzel für die Abfrage bei Google. Das Ergebnis sind in der Regel tausende von generischen Suchergebnissen und einige hundert bezahlte Anzeigen. Da Google bisher noch keine sinnvolle Klassierung der Ergebnisse liefert, wäre dies der erste Schritt des Web Mining. Dabei bilden die Suchwörter jeweils die sogenannten „Trainingsdaten" (Liu, 2007, S. 57) (Hipper, Merzenich, & Wilde, 2002, S. 201). Ziel ist es, ein neuronales Netz aufzubauen, das am Ende ein sinnvolles Cluster aller möglichen Konkurrenten und neue potenzielle Keywords liefert.

Bei den Ergebnissen von Google, ob bezahlt oder unbezahlt, entsteht der Vorteil, dass die Suchmaschine schon eine Relevanzbewertung der Ergebnisse vorgenommen hat. Wie in Abschnitt 2.2 beschrieben, basiert diese Einschätzung auf verschiedenen Web Intelligence Theorien. Eine Einschränkung ist daher nur in der Anzahl, z.B. bis Listenplatz 21 (siehe dazu Kapitel 3.1) und der Art, also bezahlte oder unbezahlte Treffer, zu tätigen.

Da alle Suchergebnisse potenzielle Konkurrenten darstellen, ist es irrelevant wie gut diese auf das gesuchte Keyword passen. Lediglich die Einschätzung von Google zählt. Denn schließlich geht es darum, an welcher Stelle Marketing betrieben werden muss.

ABBILDUNG 4: Zyklus der Konkurrenzanalyse

Die Ergebnisse können daher ohne weitere Analyse für das überwachte Lernen herangezogen werden. Dabei wird nun nach Gemeinsamkeiten zwischen den Ergebnissen und der eigenen Website gesucht. Die Verknüpfung erfolgt auf ähnlicher Basis wie die in Abschnitt 2.2.1 beschriebene Aufbereitung der Daten. Besitzen die gefunden Websites eine hohe Übereinstimmung mit der eigenen Webpräsens, so ist ein potenzieller Konkurrent identifiziert. Dieser hat nun neue Eigenschaften, bzw. Keywords, die wiederum die Basis an Schlüsselbegriffen erweitern. Wird dieses Verfahren iterativ durchgeführt und die Überschneidungen der Webbegriffe als Grundlage für die Klassierung genommen, entsteht ein Netz von Suchwörtern, denen jeweils Mitbewerber zugeordnet werden können. Dieses Vorgehen bietet einen entscheidenden Vorteil, es ist möglich ein kausales Netz aufzubauen, da Ursache-Wirkungsbeziehungen bekannt sind. Die Ursache ist das gesuchte Keyword und die Wirkung ist die gefundene Konkurrenzwebsite mit einer gewissen Wahrscheinlichkeit der Übereinstimmung mit dem eigenen Webauftritt, sowie der Position auf der Google-Suche. Weiterhin ist bekannt, ob diese gegnerische Webpräsenz durch einen anderen Mitbewerber in einem späteren Iterationsschritt identifiziert wurde, oder ob diese auf den Basisdaten basiert. Dies wäre ein Beispiel für eine Relevanzbewertung zwischen den gefunden Ergebnissen.

Im SEA können die gewonnen Daten für die Keyword-Findung, Bewertung und Analyse eingesetzt werden. Als erstes nutzen die Konkurrenzwebseiten andere Begrifflichkeiten, die

nun für die eigene Webpräsenz benutzt werden können. Zusätzlich erhält das werbetreibende Unternehmen eine Einschätzung vom Markt. Es können nun Aussagen zum Nutzen über das jeweilige Keyword getroffen werden. Das heißt, entweder kann man versuchen dieselben Keywords wie direkte Kontrahenten zu mieten, oder eine genau gegensätzliche Strategie zu nutzen. Am Ende bietet dieses Suchwortnetz die Grundlage für die Überwachung der Marktsituation. Da die Kosten direkt mit den Geboten der Mitbewerber zusammenhängen, ist es wichtig zu wissen, wer bei Google unter den relevanten Begriffen gefunden wird und ob neue Bewerber in das Geschehen einsteigen.

4.2 KRITISCHE BETRACHTUNG DES VORGEHENES

Da das hier beschriebene Vorgehen hauptsächlich auf Daten von Google gründet, existiert eine Abhängigkeit zu diesem Suchanbieter. Hier besteht eine fehlende Transparenz zwischen Eingaben in der Suchmaske und den gefundenen Ergebnissen. Es ist unmöglich genau zu sagen wie Google zu seinen Treffern kommt. Daher können keine signifikanten Aussagen über Resultate des Konkurrenzbewertungsprozesses getroffen werden.

Ein weiteres Problem stellen die auszuwertenden Datenmengen dar. Nur durch gezieltes isolieren von relevanten Ergebnissen können die Webinformationen überhaupt verarbeitet werden. Nicht umsonst beschränkt sich Google auf einige wenige, bzw. vergleichsweise einfach auszuwertende Informationen, wie z.B. die Sucheingaben der User. Von einer Verknüpfung semantischer Relationen ist die nahezu unstrukturierte Ausgabe der Google Trefferliste noch weit entfernt. Daher ist für die Nutzung dieser Treffer noch ein hohes Maß an Eigenleistung notwendig.

Letztendlich ist die menschliche Komponente ein großer Unsicherheitsfaktor, denn nicht jeder Webentwickler hält sich an die Richtlinien des SEO. Hauptsächlich wohl deswegen, weil jede Webpräsenz anders ist und andere Strukturen aufweist, sodass sich bisher kein einheitlicher Standard im Webdesign durchsetzen konnte. Dadurch ist es sehr schwer für indexbasierte Suchmaschinen sinnvolle Schlüsselwörter aus den Webseiten zu identifizieren. Ein weiteres Problem ist der Missbrauch von Suchmaschinen. Dabei wird versucht Schlupflöcher in den Suchalgorithmen zu finden, um die Bewertung der Website zu erhöhen. Dies ist einer der Hauptgründe warum Suchmaschinenbetreiber die Art und Weise der Bewertung geheim halten. Eine Auswertung der Suche kann daher nur von den Betreibern selbst sinnvoll durchgeführt werden.

LITERATUR

ADEN, T. (2009). *Google Analytics: Implementieren. Interpretieren. Profitieren.* Hamburg: Hanser Verlag.

AMMIRATI, S. (21. 6 2007). *Search is a Hard Problem.* Abgerufen am 29. 12 2009 von www.readwriteweb.com: http://www.readwriteweb.com/archives/udi_manber_search_is_a_hard_problem.php

BECK, A. (2008). *Google Adwords.* Austria: mitp.

COMSCORE. (17. 11 2009). *Search Engine Ranking.* Abgerufen am 27. 12 2009 von ComScore.com: http://www.comscore.com/Press_Events/Press_Releases/2009/11/comScore_Releases_October_2009_U.S._Search_Engine_Rankings/%28language%29/eng-US

ENQUIRO RESEARCH. (2006). *Eye Tracking Whitepapers.* Abgerufen am 29. 12 2009 von www.enquiroresearch.com: http://www.enquiroresearch.com/eyetracking-report.aspx

ERLHOFER, S. (2007). *Suchmaschinenoptimierung.* Bonn: Galileo Press.

FUCHS, W., & UNGER, F. (2003). *Verkaufsförderung: Konzepte und Instrumente im Marketing-Mix.*

GOOGLE INC. (2008). *2008_google_annual_report .* Abgerufen am 29. 12 2009 von invester.google.com: http://investor.google.com/documents/2008_google_annual_report.html

GOOGLE INC. (27. 12 2009). *NASDAQ:Goog.* Abgerufen am 27. 12 2009 von Google Finance: http://www.google.com/finance?client=ob&q=NASDAQ:GOOG

GOOGLE IRELAND LTD. (2009). *Trademark policy.* Abgerufen am 27. 12 2009 von AdWords Help Center: http://adwords.google.com/support/aw/bin/answer.py?hl=en&answer=6118

HIPPER, H., MERZENICH, M., & WILDE, K. D. (2002). *Handbuch Web Mining im Marketing.* Wiesbaden: vieweg.

HÜBENER, M. (2009). *Suchmaschinenoptimierung kompakt.* Springer.

IDC. (2007). *IDC: The Expanding Digital Universe.* Abgerufen am 27. 12 2009 von www.emc.com: http://www.emc.com/collateral/analyst-reports/expanding-digital-idc-white-paper.pdf

IDEAL OBSERVER. (2010). *Einkaufsführer Web Analytics Tools.* Abgerufen am 12. 01 2010 von www.idealobserver.de: http://www.idealobserver.de/web-analytics-tools/wer_nutzt_was.php

KEMPER, H.-G. (2004). *Business Intelligence.*

LIU, B. (2007). *Web Data Mining.* Chicago: Springer.

MATTERN, F. (2008). *Wie arbeiten die Suchmaschinen von Morgen.* Stuttgart: acatech .

MICROSOFT CORPORATION. (2005). *The New World of Work.* Abgerufen am 17. 01 2010 von Executive E-mail: http://www.microsoft.com/mscorp/execmail/2005/05-19newworldofwork.mspx

NETCRAFT LTD. (2008). *December 2008 Web Server Survey.* Abgerufen am 13. 12 2009 von www.netcraft.com: http://news.netcraft.com/archives/2008/12/24/december_2008_web_server_survey.ht ml

NETZPLANET.ORG. (2008). *Archie.* Abgerufen am 27. 12 2009 von netzplanet.org: http://www.netplanet.org/dienste/archie.shtml

ONESTAT. (2006). *pressbox.* Abgerufen am 29. 12 2009 von www.onestat.com: http://www.onestat.com/html/aboutus_pressbox45-search-phrases.html

ROMPPEL, A. (2006). *Competitive Intelligence: Konkurrenzanalyse als Navigationssystem im Wettbewerb.* Berlin: Cornelsen.

SCHNEIDER, W. (2007). *Marketing.*

SEDA, C. (2004). *Search Engine Advertising - Buying your way to the top to increase sales.* USA: New Riders Publishing.

SEOMOZ. (2009). *TermExtractor.* Abgerufen am 10. 01 2010 von www.seomoz.org: http://www.seomoz.org/term-extractor

SEOTOOLS. (2008). *Ranking Checking Tool for Firefox.* Abgerufen am 30. 12 2009 von SEOTools: http://tools.seobook.com/firefox/rank-checker/

WEBHITS. (27. 12 2009). *Web Barometer.* Abgerufen am 27. 12 2009 von webhits.de: http://www.webhits.de/deutsch/index.shtml?/deutsch/webstats.html

WEI CHOO, C., DETLOR, B., & TURNBULL, D. (2000). *Web Work: Information Seeking and Knowledge Work on the World Wide Web (Information Science & Knowledge Management).* Netherlands: Kluwer Academic Publishers.

WIRTZ, B. W. (2001). *Electronic Business.* Wiesbaden: Springer

ANHANG

Der Anhang enthält den 30 Minütigen Vortrag zu dieser Seminararbeit, der an der TU-Dresden gehalten wurde.

TECHNISCHE
UNIVERSITÄT
DRESDEN

Web Intelligence Methoden
im
Search Engine Marketing

Konzepte, Anwendungen und Vorgehen

TECHNISCHE
UNIVERSITÄT
DRESDEN

Agenda

1. Daten und Suchmaschinen

   Entwicklungen, Arten und Arbeitsweisen   } Ist- Aufnahme
   von Suchmaschinen

2. Google AdWords

   Nutzung von Keywords im   } Gewerblicher Nutzen
   Search Engine Marketing

3. Anwendungsfeld des Web Intelligence

   Konkurrenzanalyse im   } Mögliche Erweiterungen
   Search Engine Advertising

**TECHNISCHE
UNIVERSITÄT
DRESDEN**

Teil 1: Daten und Suchmaschinen

**TECHNISCHE
UNIVERSITÄT
DRESDEN**

Teil 1: Daten und Suchmaschinen

Masse an Daten
- Derzeitig existieren geschätzt off.- und online ca. 988 Exabyte an Daten
  $=988 * 10^{18}$ Byte$=988.000.000.000.000.000.000$ Byte (IDC, 2007).
- Dies entspricht auf Din A4 ausgedruckt und aufeinander gestapelt einem Turm
  von der Erde bis zum Pluto.

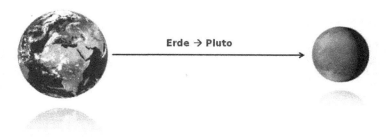

Erde → Pluto

Masse an Webseiten

Es existierten im Januar 2010 laut der Web Server Survey von NetCraft
206.741.990 Websites (Netcraft Ltd, 2010)

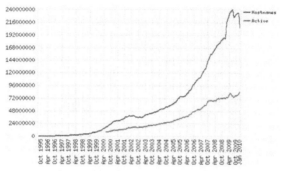

Total Sites Across All Domains August 1995 – January 2010

Aufgaben von Suchmaschinen

„[..] the software challenges that lie ahead are less about getting access to
the information people need, and more about making sense of the
information they have -- giving them the ability to focus, prioritize and apply
their expertise, visualize and understand key data, and reduce the amount of
time they spend dealing with the complexity of an information-rich
environment." (Microsoft Cooperation, 2005)

- Der **Zugang zu Daten** ist gegeben
- Die **Aufgabe** ist:
  - ➢ fokussieren
  - ➢ priorisieren
  - ➢ Anpassen an die Erfahrungen der Menschen
- Mit dem **Ziel**:
  - ➢ Das Verstehen von Schlüsseldaten zur Zeit- und Komplexreduktion
    der informationsüberfluteten Welt.
  - ➢ Verbesserung des Information Retrival

TECHNISCHE
UNIVERSITÄT
DRESDEN

Teil 1: Daten und Suchmaschinen

Arten von Suchmaschinen

Web Kataloge	Index-suchmaschinen	Meta-suchmaschinen
• Einträge werden manuell gefelgt und kategorisiert • Meist Verknüpfung mit indexbasierten Suchmaschinen • Einträge werden in der Regel gekauft	• Automatische Generierung von Suchtreffern • Später genauere Betrachtung	• Kein eigener Index • Durchsucht mehre Suchmaschinen gleichzeitig

TU Dresden, 20.01.2010   Web Intelligence Methoden im   Folie 7 von XYZ
                            Search Engine Marketing

TECHNISCHE
UNIVERSITÄT
DRESDEN

Teil 1: Daten und Suchmaschinen

Indexbasierte Suchmaschinen –
Identifikation, Aufbereitung und Analyse der Daten

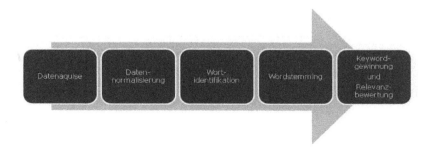

TU Dresden, 20.01.2010   Web Intelligence Methoden im   Folie 8 von XYZ
                            Search Engine Marketing

Teil 1: Daten und Suchmaschinen

Indexbasierte Suchmaschinen – Identifikation, Aufbereitung und Analyse der Daten

Datenaquise:
- Identifikation von Webdaten mittels Webcrawler
- Abspeichern der Ressourcen im Repository

Datennormalisierung:
- Reduktion der Daten auf verwendbaren Quelltext

```
<html><body>
<h1>Beispiele</h1>
<p>Eine Seite über Autos
</p></body></html>
```

Wortidentifikation:
- Umwandlung der Zeichenströme in Wortströme

Beispiele, Eine, Seite, _

Word Stemming:
- *hier:* Sinnbildlich für die Vereinheitlichung der Wortströme

Beispiele → Beispiel

Keywordgewinnung und Relevanzbewertung:
- A) Keyword aus dem Text durch verschiedene Entscheidungsverfahren gewinnen
- B) Seiten untereinander in Relationen setzen und vergleichen

TU Dresden, 20.01.2010 — Web Intelligence Methoden im Search Engine Marketing — Folie 9 von XYZ

Teil 1: Daten und Suchmaschinen

Google als indexbasierte Suchmaschine

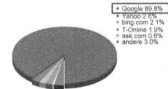

- Google 89.8%
- Yahoo 2.6%
- bing.com 2.1%
- T-Online 1.9%
- ask.com 0.6%
- andere 3.0%

Marktposition Deutschland
- 89,8% (Web Hits, 2010)

Umsatz
- 21,8Mrd $ im Jahr 2008

Umsatzherkunft
- 97% durch Werbung (AdWords)

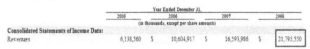

Consolidated Statements of Income Data:	2005	2006	2007	2008
	(in thousands, except per share amounts)			
Revenues	6,138,560 $	10,604,917 $	16,593,986 $	21,795,550

How We Generate Revenue

Advertising revenues made up 99% of our revenues in 2006 and 2007 and 97% of our revenues in 2008. We derive most of our additional revenues from offering internet ad serving and management services to advertisers and ad agencies, the license of our web search technology and the license of our search solutions to enterprises. (Google inc, 2008)

TU Dresden, 20.01.2010 — Web Intelligence Methoden im Search Engine Marketing — Folie 10 von XYZ

**TECHNISCHE
UNIVERSITÄT
DRESDEN**

Teil 2: Google AdWords

2.1 Formen des Onlinemarketing →Search Engine Advertising
2.2 Funktionsweise von Google Adwords
    2.2.1 Allgemeine Einführung
    2.2.2 Methoden zur Keywordgewinnung
    2.2.3 Marktteilnehmer/ Marktverhalten

Teil 2: Google AdWords

TECHNISCHE
UNIVERSITÄT
DRESDEN

Teil 2: Google AdWords

Warum Search Engine Marketing?

Klassische Offline-Maßnahmen (TV, Print)

- Reaktion des Verbrauchers ist nicht direkt Messbar
- Kommunikation einseitig

Online-Display (z.B. Bannerwerbung)

- Weiterhin überwiegend Kommunikation vom Werbetreibenden zum Verbraucher
- Interaktion lediglich durch Klick auf den Banner

SEM

- Umkehr der Kommunikation
- Der Verbraucher sieht die Werbung erst, wenn er danach gesucht hat

 TECHNISCHE
UNIVERSITÄT
DRESDEN

Teil 2: Google AdWords

Was ist Google AdWords?

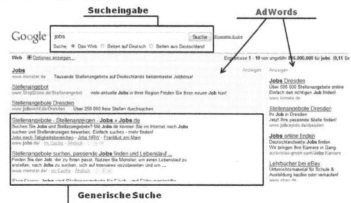

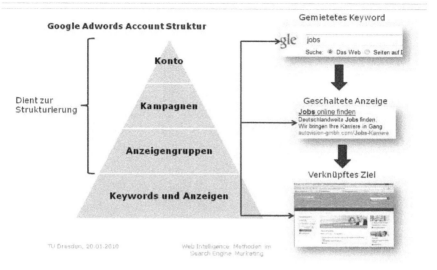

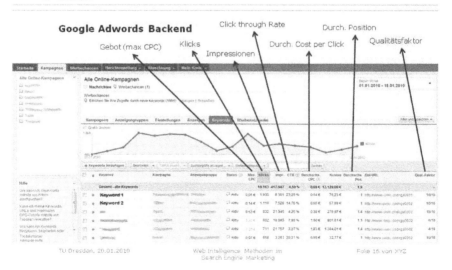

Teil 2: Google AdWords

Generierung von Keywords

 Schritt 1
- Ziel definieren
- Anzeigengruppen erstellen

 Schritt 2
- Grunddatensatz auf Basis der Unternehmensvorstellungen und Webpräsenz

 Schritt 3
- Erweiterung dieses Datensatzes
- Konsultation von weiteren Quellen

 Teil 2: Google AdWords

Marktteilnehmer und Preisbildung

Preisbildung
- Position: Kombination von Gebot und Relevanz

$$max. \ CPC \ x \ Qualitätsfaktor = Anzeigenrang$$

- Bezahlter Preis: Smart Pricing. Maximal soviel, wie nötig ist im die Position noch halten zu können.

$$Anzeigenrang(Vorgänger)/Qualitätsfaktor + 0,01€ = bezahlter Preis$$

Teil 2: Google AdWords

Zusammenfassung

Um Erfolgreich zu sein ist es notwendig:

- Möglichst viele Klicks,
- auf die richtigen Keywords,
- zu möglichst geringen Kosten zu erzeugen.

Welche Kosten sind zu wählen?

- Preisbildung abhängig vom Suchvolumen und Konkurrenzsituation

Wie können sinnvolle Keywords gefunden werden?

- Wörter die günstig sind und häufig gesucht werden

Teil 3: Anwendungsfeld des Web Intelligence

TECHNISCHE
UNIVERSITÄT
DRESDEN

Teil 3: Anwendungsfeld des
Web Intelligence

Warum ist die Konkurrenzanalyse auf dem Keywordmarkt sinnvoll?

- Umso stärker die Wettbewerber, umso geringer die Sichtbarkeit der eigenen Website
- Der Preis wird stark durch die Mitbewerberdichte beeinflusst

TU Dresden, 20.01.2010   Web Intelligence Methoden im   Folie 21 von XYZ
                              Search Engine Marketing

TECHNISCHE
UNIVERSITÄT
DRESDEN

Teil 3: Anwendungsfeld des
Web Intelligence

Vorteile einer stetigen Überwachung von Konkurrenten

- Ermittlung der eigenen Wettbewerbsposition → Benchmarking

- Chancen-/Risikoanalyse → Markteintritt, Marktdurchdringung, Marktaustritt

- Umfeld-Scanning → Neue Einstiegsmöglichkeiten

- Neue Wettbewerber rechtzeitig erkennen → Markteintrittsbarrieren aufbauen

Problem von Competitive Intelligence im Internet

- Sehr viele Marktteilnehmer → sowohl Kunden als auch Unternehmen

- Intransparente Informationen → Informationsherkunft nicht genau nachvollziehbar

- Schnelle Entwicklungen → Starkes Wachstum an Informationen

- Unstrukturierte Informationen → Kein einheitlicher Standard

TU Dresden, 20.01.2010   Web Intelligence Methoden im   Folie 22 von XYZ
                              Search Engine Marketing

TECHNISCHE UNIVERSITÄT DRESDEN

Teil 3: Anwendungsfeld des
Web Intelligence

Informationsquellen über Wettbewerber
(1) Position auf dem Keywordmarkt bestimmen
- Google Adwords Keywordtool

TU Dresden, 20.01.2010   Web Intelligence: Methoden im Search Engine Marketing   Folie 23 von XYZ

TECHNISCHE UNIVERSITÄT DRESDEN

Teil 3: Anwendungsfeld des
Web Intelligence

(2) Position auf der generischen Suche bestimmen
- Anzahl der generischen Ergebnisse

Ergebnisse 1 - 10 von ungefähr 28.900.000 für universität (0,20 Sekunden)

- Position in der generischen Suche bestimmen

Domain	Keyword	Google.de
www.tu-dresde...	universität	85	www.tu-dresden.de/

TU Dresden, 20.01.2010   Web Intelligence: Methoden im Search Engine Marketing   Folie 24 von XYZ

TECHNISCHE
UNIVERSITÄT
DRESDEN

Teil 3: Anwendungsfeld des
Web Intelligence

(3) Entwicklungen der Suche bei Google Trends (nur für große Wettbewerber)

TU Dresden, 20.01.2010 · Web Intelligence Methoden im Search Engine Marketing · Folie 25 von XYZ

TECHNISCHE
UNIVERSITÄT
DRESDEN

Teil 3: Anwendungsfeld des
Web Intelligence

(3) Entwicklungen der Suche bei Google Trends (nur für große Wettbewerber)

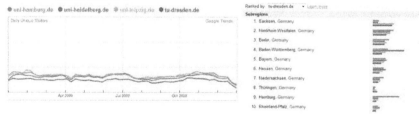

- Auch über die Google API verfügbar

```
from pyGTrends import pyGTrends

connector = pyGTrends('google username', 'google password')
connector.download_report(('keyword1', 'keyword2'))
print connector.csv()
```

TU Dresden, 20.01.2010 · Web Intelligence Methoden im Search Engine Marketing · Folie 26 von XYZ

Teil 3: Anwendungsfeld des
Web Intelligence

(4) Google Ad Planer (nur für sehr große Wettbewerber)

Teil 3: Anwendungsfeld des
Web Intelligence

(1) Zyklus der Konkurrenzanalyse

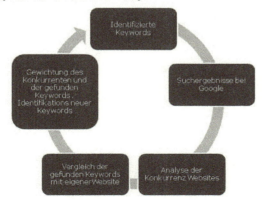

**TECHNISCHE
UNIVERSITÄT
DRESDEN**

Teil 3: Anwendungsfeld des
Web Intelligence

(2) Zyklus der Konkurrenzanalyse

Analyse
- Einordnung der Webseite
- Wurde die Seite bezahlt oder unbezahlt gefunden
- Welcher Wortstamm wird mit der Seite verknüpft
- Extraktion von Termen, welche für den Vergleich herangezogen werden

Vergleich
- Abgleich zwischen den eigenen Keywords und denen auf der Konkurrenzseite

Gewichtung
- Zusammenhang zwischen Formulierungen auf eigener und fremder Seite
- Verbindung zum gefunden Keyword (Wortstamm)
- Position und Relevanzbewertung bei Google
- Anzahl und Qualität an neu gewonnen Keywords

**TECHNISCHE
UNIVERSITÄT
DRESDEN**

Kritische Betrachtung

Probleme bei der Datenaquise

- Datenbasis kommt von Google
  - Datenqualität kann nicht eingeschätzt werden
  - Art der Datengewinnung ist nicht genau bekannt
- Daten sind nicht frei zugänglich
- Daten sind an ein Unternehmen (Google) gebunden

Grundlegende Probleme

- Internetdaten sind nicht standardisiert
- Webseiten sind in der Regel nicht suchmaschinenoptimiert
- Schlüsselwortextraktion gestaltet sich daher als sehr schwierig
- Häufiger missbrauch von Suchmaschinen
- Riesige Datenbasis

TECHNISCHE
UNIVERSITÄT
DRESDEN

Quellen zu Grafiken und Zitaten
Alle weiteren Quellen sind der Seminararbeit zu entnehmen.

IDC. (2007). *IDC: The Expanding Digital Universe*. Abgerufen am 27. 12 2009 von www.emc.com: http://www.emc.com/collateral/analyst-reports/expanding-digital-idc-white-paper.pdf

Netcraft Ltd. (2010). *December 2008 Web Server Survey*. Abgerufen am 13. 12 2009 von www.netcraft.com: http://news.netcraft.com/archives/2010/01/index.html

MICROSOFT CORPORATION. (2005). *The New World of Work*. Abgerufen am 17. 01 2010 von Executive E-mail: http://www.microsoft.com/mscorp/execmail/2005/05-19newworldofwork.mspx

WEBHITS. (27. 12 2009). *Web Barometer*. Abgerufen am 27. 12 2009 von webhits.de: http://www.webhits.de/deutsch/index.shtml?/deutsch/webstats.html

GOOGLE INC. (2008). *2008_google_annual_report*. Abgerufen am 29. 12 2009 von invester.google.com: http://investor.google.com/documents/2008_google_annual_report.html

TECHNISCHE
UNIVERSITÄT
DRESDEN

Vielen Dank für die Aufmerksamkeit.